U0019463

可以幸福，但你要有態度

丹榮・皮昆／著

周倩清／譯

有些事情是「有所不為」，

並非我們做不到；

而有些「不可為」的事情，

則意味著我們絕對不能去做。

如果向前一步，

意味著我們靠近目標一步。

那麼向前一百步，

則表示靠近目標一百步。

而假使停滯不前，

則表示你永遠無法靠近

內心想達成的目標。

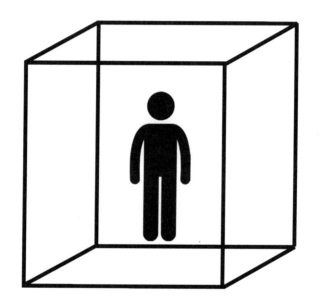

有些人打造一個讓自己快樂的框架，

他們如是說：

我們必須在這家餐廳用餐；

我們必須選擇搭乘商務艙；

我們必須擁有雙 B 汽車；

我們必須擁有名牌包包；

我們必須賺更多錢。

如此我們才能獲得快樂。

5

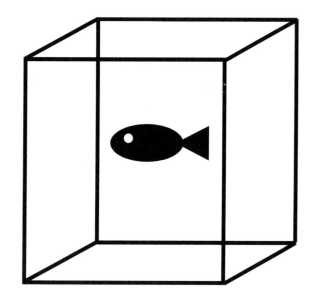

有人喜歡透過**控制他人**來獲得快樂。

他們透過豢養其他生命**獲得幸福感**，

而這些可憐的生命體成為無辜的犧牲品。

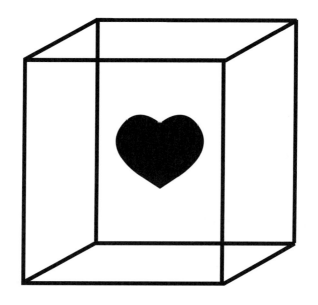

當我們的心無法再向外探索，

就會變成心智狹隘的人。

讓你的心從偏狹中釋放出來，

讓它在這自由世界裡放鬆遨遊。

因為當你的心是自由的，

就會發現這世界靈活多變，多彩多姿。

一樣米養百種人，每個人都擁有不同的思維與判斷，有的人正向思考，有些則思想偏差，全在於自己的選擇。毫無智慧考量的愚蠢思考是不可取的。如果你深思過生活的真正需要，就必須找出你自己的道路。

你曾經想過如何達到功成名就嗎？你曾經做過好事，期待過好事、並接受過好事嗎？有人希望能夠快樂，有人希望日日夜夜都有樂事。你如何使得美夢成真？你如何將它手到擒來？

重新誕生吧！成為你自己的生命導師，讓你的態度幫助你晉升為人生勝利組。

尊重榮譽是肯定的事。別讓自己在恨意裡滅頂，或活在黑暗的世界中。帶著黑暗之心做了壞事的人，很少能夠活得開朗心安。

當你勇敢作夢，夢想才會實現，生命願景來自明確意念；當你怯於作夢，得到的就會遠遠低於預期的。

你所獲得的永隨心念移轉。總有數以萬計的憤怒面孔，以及過多的負面思考存在這世間。

人們秉持正念做對的事情，就能心想事成。當你心有所求，必須開始去做，動手去做那件事情。你必須每一天都為同一件事奮鬥，盡全力克服任何障礙。

假使你想要獲得別人擁有的，你當然得跟他們一樣努力工作。沒有任何藉口地持續戰鬥、持續工作，正向思考者隨時都帶著快樂。

總有人說，我不知該怎麼做才能成功。也許是他們尚未思考周全，不知如何做才能抵達成功彼岸。

那些在生活中如魚得水的人，向來能獲得他們想要的人生。正向思考者向來是快樂的，這一點兒也不奇怪。嫉妒別人的負面思考者，只會看到壞的一面，這同樣一點也不奇怪。「心想事成」這句話通常被那些聰明思考、聰明做事者奉為座右銘。

這本書將啟發如何「正確思考」，這也將對我們的生活方式造成異常巨大的影響。因為擁有正念才是所有幸福的活水源頭。

正向思考將釋放你的意念，遠離用敵意看待別人的人生。這是一本生命之書。引導一種思考的原則，讓讀者有機會能獲得幸福，並尋訪自身擁有卻或許迷失的初心。

以初心
迎向全新幸福

目錄

最終日法則

有許多人總喜歡告訴別人，

如何把今天當成人生最後一天來活。

如果深信不疑地認定這些話，

你將會成為這世上最苦惱的人。

每一天

都是你生命的

最終日

結束＝歸零

為何你生命的

最終日

是如此感傷

？？？

19

有很多傢伙喜歡告訴別人，

如何把每一天活得像是

生命中的最後一天。

如果你把每一天過的如同

生命中的最後一天，

你肯定成了世上最不快樂的人。

活著的最終日＝衰老

學習的最終日＝停擺

婚姻的最終日＝分散

工作的最終日＝退休

行走的最終日＝停止

友情的最終日＝分離

鮮花的最終日＝凋零

飛行的最終日＝降落

人生的最終日＝死去

2

第一日法則

每一天
都是我們生命的
第一日

新生＝希望

23

每一天

都是你生命的

初始日

初始＝希望

活著的初始日　　　　　　＝希望

學習的初始日　　　　　　＝積極

婚姻的初始日　　　　　　＝幸福

工作的初始日　　　　　　＝憤發

買新車的初始日　　　　　＝開心

認識新朋友的初始日　　　＝熱情

旅行的初始日　　　　　　＝雀躍

鮮花的初始日　　　　　　＝美麗

孩子開口叫媽咪的初始日　＝感動

在我們生命的每一天，

如果都把它當成是第一天來度過，

我們必定能過得十分快樂。

　　假使我們把生命比喻成數學問答題，當我們提出「1＋1等於什麼？」時，每個人都會回答「2」。

　　但假使我們問了一個複雜的算式「（822×34.8＋22－46）－192567」時，又有誰能回答呢？

　　有些人能夠回答，但需要一些時間，有些人甚至需要動用計算機。

然而，

為何我們要提出如此困難的問題，

使他人的生命更顯艱鉅？

如果我們同是

「提出問題」及「回答問題」

的那個人時，

那麼設定一個「單純的問題」，

會讓我們的生命簡單許多。

反之，若設定一個「困難的問題」，

那麼生命也會變得困難。

若我們的「幸福」來自自己的設定，

那麼答案也將由你自己去回答。

幸福提案
1

「減壓生活」

減壓、減重、減量

Less is more

<u>輕鬆自如，不過度依附事物上</u>

若能讓自己無入而不自得，

自然很容易與人交談；

若不把人劃分進任何小團體，

也沒有「這個」或「那個」團體、

「他們」或「我們」的標籤，

也不會倍感緊繃壓力。

身心狀態
財富
信譽
工作壓力

負重較輕	負重較重
優美＋輕鬆	笨重＋難過
身心輕盈，能為自己	事事往身上攬，無力
剔除多餘的	為自己摒除
拉圾。	無謂的壓力。

幸福提案
2

「全部放下」

握住得越多＝負擔重量越大

承受得越多＝越是筋疲力盡

依附得越多＝越受盡壓迫

緊抓不放意味著堅持與依賴，

想像一個情境，

你在工作上盡心盡力、事必躬親，

每一件小事都不放心交給他人處理。

若不處理這件事，

所有延伸的一切都會造成反噬效果；

只要你願意放下，你的人生即可卸下重擔。

身心狀態

財富

信譽

工作壓力

負重過度的人
站立時揹著太重負擔，
當他們睡著時仍持續承載著，
日日夜夜馱運，
總有一天會無法負荷的。

3

結果法則

如果我們種下一顆蘋果卻得到一顆梨樹，
那肯定是件奇事。

如果從一顆雞蛋中得到一隻小鱷魚，
那肯定可上驚世排行榜。

如果我們把牛奶放進冰箱，
第二天卻變成柳橙汁呢？

只要我們肯花時間深入了解，
再奇怪的事都事出有因。
「事物的結果全來自於之前種下的因」，
此後，便不再需要為結果而感到迷惘。

雞的啟示

如果我們養了一隻母雞，

等到牠可以下蛋時，

就可以獲得雞蛋的回報。

我們理所當然可以明白，

當母雞孵蛋時，

我們會得到一隻小雞，

而不會是小鴨。

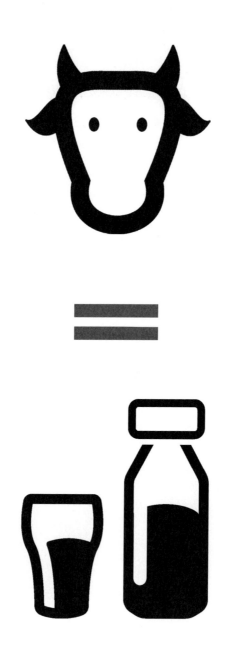

牛的啟示

如果我們養了一頭乳牛，

等牠產了小牛之後，

就可以獲得牛奶的回報。

我們理所當然可以明白，

母牛會供給我們牛奶與小牛，

而不是羊奶或小羊。

初始

＝

交換

人生的初始日，是人生的首次交換。

我們工作是為了交換薪水，

獲得金錢的回報；

當我們渴望「一步登天」時，

很有可能換得的是「一落千丈」。

人生包含了交換的規則與風險。

當我們辛勞工作，會得到等值的回報；

當我們疏於工作，自然無法得到回報。

施＝受

給予＝收取

做了什麼＝獲得了什麼

什麼都不做＝什麼都無所獲

人生的每一日都是交換日。

沒有輕易獲得的事，

也沒有不勞而獲的道理。

假使我們想要夢想的「那種生活」，

現在就必須開始做些什麼。

假使我們「有夢」，

就必須去「追求它」；

換句話說，

我們想拿取，就要先給予。

那些無法得到「成功人生」的人，

或許永遠不明白，

要獲得生活中想要的事物，

必須付出相應的代價。

教育，是生命的轉捩點。

許多人不明白這世界的法則，他們總是認為「事情會自行好轉的」。

人們用錯誤想法安慰自己：

● 只要順其自然，就能擁有很棒的生活。

● 無論生活是好或壞都沒關係，一切都會變得更好。

● 我們無法掌控一切。

● 生命運轉取決於其他環節，不是我們能決定的。

世界的啟示

若懷有「夢想與抱負」，
我們必須自己主動去追求。

若有任何「想獲得的事物」，
我們必得學習先付出努力。

若想要擁有一個「快樂的家庭」，
就必須學習付出時間與愛。

這世界上

沒有任何單獨的夢想

會自己成真，

「夢想」

不會自顧自地完成。

失敗者因為不了解這世界的法則，

他們不正確思考，

並做出錯誤的行為，

如同他們一直以來做的那樣。

這世界的法則是——

當你做了一件事，

必然會得到那件事的反饋，

無論是好是壞。

這世界並不會偏心，

也不會向著某人的角度選邊站。

假使我們已經作了一些努力，

但尚未得到結果。

別責怪別人，

反省自己並仔細想想「我夠努力嗎？」

如果在自我反省的過程中，

發現自己已經竭盡所能、

試著做到最好了，

但生活卻仍不見任何好轉，這是為什麼呢？

這意味著

我們對於奮鬥的理解與別人不同。

我們對於「盡力」的定義

可能只有別人的一半而已。

這個問題的唯一解答是：

再多做一些吧！

幸福提案
3

「向前進」

充滿樂趣地擴展你自己，改善自己，

創造一些原創的東西。

發現新鮮事物會讓你的生活更繽紛。

降低你想贏的企圖，

別淨想著「我要比他強」、

「我要成為無敵」，

因為當你無法達成時，

這只會讓你受傷而已。

擴展你自己，

意味著你的生活會有更多的進步。

在新的事物上展露自己，

會讓你的生活更多彩多姿。

幸福提案
4

「結果」

了解因果的法則

當我們深刻體悟

「要怎麼收穫先怎麼栽」的道理之後，

我們會不願再做違背良心的行為，

因為我們深知因果報應。

我們將戒除談論別人八卦，

因為最後發現那毫無意義。

我們終將只做好的事，

因為好人有好報。

你讀的書，決定了你是如何的人，
知識造就了你的思維。

當你閱讀得越多越廣，
你所能理解的世界也將越深越遠。

4

金魚法則

金魚法則有三項重點：

1) 當我們注視著金魚，是幸福。

2) 當那金魚還活著，是幸福。

3) 當我們釋放了金魚，是幸福。

金魚法則的三項重點之一——

1) 當我們注視著金魚，是幸福。

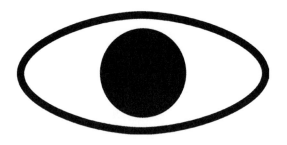

我們不需要成為這世上
每一件事情的主宰者。

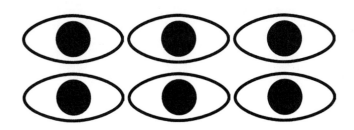

　　許多人想成為大事業的老闆，想當房東，想當摩天大樓的主人，想擁有大筆財產金錢，他們甚至想成為另一個人生命的主宰。

　　請活得輕鬆自在一些吧！

別一副你擁有全世界的模樣，
不要總想要佔有全世界每一件事物。

假使金魚就是「幸福」的象徵，
人們總是在幸福的後面追求著。

有時需要大把鈔票以購得幸福，
有時需要有人陪伴以獲得幸福，
有時則必須更努力、
更辛勤工作去發現「幸福」。

然而，

幸福其實無需費這麼大勁，

她就在離我們不遠的地方。

「幸福」可以停留在我們身邊很久很久，

如同金魚的陪伴。

無論何時當我們望向那金魚，

「幸福」便能立刻現身。

金魚法則的三項重點之二——

2) 當那金魚還活著，是幸福。

珍愛生命，

就能發散生命最絢爛的美好。

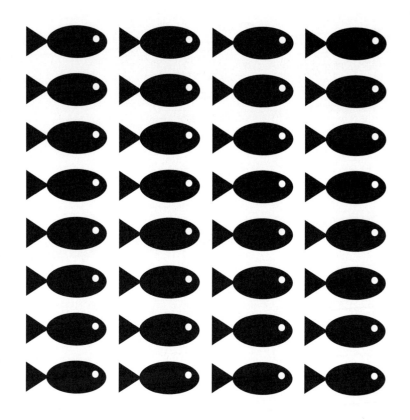

　　心靈的美景是我們總能看見其他生命的快樂存在。

　　因此，其他生命快樂的話，我們就快樂；這意味著我們不會在別人身上佔便宜。

假使金魚是幸福的化身，

當金魚還活著時，

每個生命都將感到快樂。

有些人用言語責備或傷害別人許多事時，

感到極度快樂。

但是傷害別人的幸福感不會持續太久，

它只持續一眨眼的時間就消失無蹤。

有時幸福就在我們的意念裡頭。

幸福，

是當我們對別人懷有好的念頭時；

對我們的親戚懷有好的念頭；

對我們的父母懷有好的念頭；

對我們的家人懷有好的念頭；

對我們的同事懷有好的念頭。

懷有好的念頭一點也不困難，

總想著要傷害別人的念頭

才是真的困難多了。

金魚法則的三項重點之三——

3) 當我們釋放了金魚，是幸福。

給其他生命自由吧！

無論身體或心靈。

別試圖去控制別人的生命與思想，每一個活著的生命都想要自由。

若金魚是幸福的化身，

當牠獲得自由之時，

每個生命都會快樂。

有些人喜歡控制別人，

有些人喜歡命令別人，

但沒有人喜歡被別人掠奪。

控制別人而得到的幸福

是無法長久安定的，

當他感到情況失控時，

取而代之的將是滿腔的怒火。

有時幸福只是一種感覺。

一種自在、舒服、安心的感覺，

每件事都自然地發生，

每個人都擁有自由的思考，

一起創造全新的視野。

只要我們試圖對抗自然，

不尋常的力量即會反擊我們。

只要我們遭受逼迫、承擔高壓，

幸福便會立刻消失無蹤。

5

問題法則

如果上帝是因為某種原因，

才創造地球的每個人與每件事。

我們必須弄清楚一件事——

為何上帝創造我們，

並把我們送到這世界上。

如果你無法得知，

運用你的所學，多方思考。

如果依然無法得到答案，

從下一頁去找尋你的答案吧。

生命

每一個人存在地球上的意義，

奠基於你的生命價值。

而生命是被創造來使你的人生有用途的。

尋找你自身的價值，

並使它們在這世上有其存在的依據。

到時候，你所見即可稱之為幸福。

上帝創造你，所以你可以……

A) 把幸福傳遞給別人

B) 樹立敵人，為金錢背叛你的朋友與老闆

C) 為你的國家謀福利

D) 為了自身利益去背叛、欺騙國家

E) 為你的家鄉與國家創造利益

F) 危害你的國家並破壞自然有用資源

G) 欣賞並鼓勵其他人

H) 抱怨每一件事情，以及圍繞身邊的所有人

I) 愛你所擇，並擇你所愛

J) 做你不喜歡也不熱愛的事情

K) 每天快樂地生活

L) 清償你的罪惡，活在不斷的痛苦之中

對所有透徹明瞭的人而言，
生命是有價值的。

對所有懂它的人而言，
生命是有價值的。

如果你深信生命的意義，
彰顯它的價值吧！

試著想想

哪些是你做過而有用的事？

假使你從未做過任何值得做的事，

就從今天開始吧！

幸福提案
5

「專注」

無論我們在做什麼，我們必須投入心神。

有些家人花時間相聚在一起，當大家坐在餐桌旁，卻有人低頭滑手機來取代交談，有時甚至不在餐桌旁。

看手機沒有不對，但它讓我們忽略現場坐在面前的家人，彷彿手機裡的世界更勝於現實中的人生。

當我們擁有這難得的相聚時，至少要專注在彼此身上，這會使人生更美好。

當我們把心專注在工作上，
就會因為工作而感到快樂。

假使把心專注在烹飪上，
那食物嚐起來就會更棒。

幸福提案
6

「正確選擇」

　　「生活」是活的，這意味著我們有選擇權。

　　可依照我們自己心意，或考慮別人的感受；可自私一點，或向別人分享自己所有；可做自己喜愛的工作，或為五斗米折腰；可溫和地生活，或每天戰鬥；可抱持正念的想法，或有害的念頭；可為自己的生活而開心，或羨慕其他人的生活。

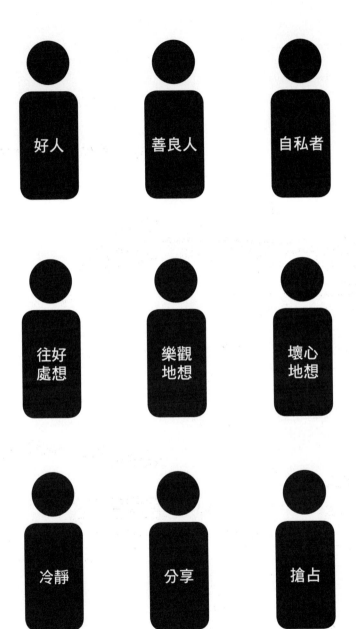

好人　　善良人　　自私者

往好
處想　　樂觀
地想　　壞心
地想

冷靜　　分享　　搶占

「二選一」

生命有其價值，而價值由你決定。

可正向的思考，或冷酷看待這世界；可以是霸道、充滿侵略性的，或是溫和有禮的；可做好的事，或是作奸犯科；可相親相愛，或樹立敵人；可發展自己，或一味責怪別人。

行走在道路上時，

我們可以向左、向右，或直行，

因為這是我們的人生。

6

教室法則

世界是個大型的教室，我們得在其中結交朋友，並且經由他們認識自己。

在我們的世界裡，「道德」使我們成為好人，去幫助那些處於不利地位的人們。

在我們的世界裡，可能遭受深信的親友背叛，然後重新站起來。

在我們的世界裡，我們理解金錢的運作，那允許我們賺錢並儲存鈔票。

在我們的世界裡，我們互相照顧。當看見有人走錯路，我們試圖拉他回來；當某人想改過向善，我們會推著他往正確的方向去。

人生的教室裡有許多人成績傑出，考試拿高分，他們是運動高手，擁有富有的雙親與漂亮女朋友。

但是有些人過著制式的生活，他們的道路早在出生時就被設定好了。隨著我們從兒童長大為成人，早已準備要在真實世界裡拼搏一番。

事實是我們必須在生活裡奮鬥，事實是我們必須在自己的生活中真實走過一回。

許多人在學校的成績優異，但他們還沒經歷過工作失敗、婚姻失敗、身體健康失敗、財務失敗……等。

人生還有許多未知的考試，這不像我們在學校的考試分數，人生並沒有簡單的及格或不及格可以論斷。

真實人生存在著更多的幸福與悲傷、愉悅與孤單、成功與失敗、愛與恨、樂趣與災禍、榮耀與忌妒、歡喜與哀悼。

有很多事並不會在人生教室裡被教導，儘管如此，我們還是得面對那些從未被教導的課程。

大部分的人在學校進修困難的學科，並且在它選修的論題得到優異成績。例如物理、化學、生物學、英語、科學、歷史以及經濟學。

無論如何，在真實人生中，我們學到的那些總是派不上用場。因為「人生教室」並沒有像乘法表那樣的固定公式可以依循。

當有些人幸福地迎接臨終時刻，為數不少的人卻悲傷而孤獨地告別人世。

　　人們必須在教室外的人生學習更多一些，否則就會輸在每一次測驗上。

　　對於那些在真實人生中奪得第一名的人，他們永遠會找出幸福與成功的秘訣。

有些人能從中發現幸福未必是富有，未必是漂亮，未必是聰明，未必是別緻，未必是優雅，未必是雄辯，未必是流行，未必是好玩。

　　有些人發現，幸福未必是成功。

而那些成功的人，也未必是快樂的。

有些快樂的人，是令人羨慕的人。

但是，無論何時你羨慕一個快樂的人，也就是說明了你的不快樂。

幸福有時候會降臨。

她會降臨在某些日子，

她會降臨在某些生命，

她會降臨在某些幸運兒身上。

真實人生是外頭的教室，

我們必須靠自己去面對。

我們可以選擇認真過活，或自動放棄。

因為這是我們的人生。

如果我們明白「人生」這個詞，

我們必須了解「人生」不只是「人生」，

它不僅僅如此。

幸福提案

8

彈性

　　當你是有彈性的，你的身體就容易伸展許多。掛上微笑，不要皺眉，如果我們活得有彈性、懂得彎腰，便同時有真誠與微笑相迎。

　　如果我們彼此尊重，不冷酷對待，所有的瘋狂與嗔怒即刻消失無蹤。

幸福提案
9

迅速復原

　當我們發怒，幸福便蒸發散失。一個激動的人是易怒的，並且很少快樂。

　每個人都有權力抓狂，但是當我們長時間抓狂，幸福也隨之長時間消失。

　反之，如果我們短暫抓狂，就能迅速恢復幸福愉快。

7

風的法則

太極運動的核心概念

遭受嚴酷的攻擊時，以柔軟回應。倘若有
溫和的冒犯，也會得到溫和的反應。

當別人發怒，我們也以氣憤回應，一切就
被摧毀了。如果別人魯莽對待，我們給予相同
回應，一切都將破損受傷。

當別人對我們親切，而我們也親切回應，
大家便可快樂融洽相伴。

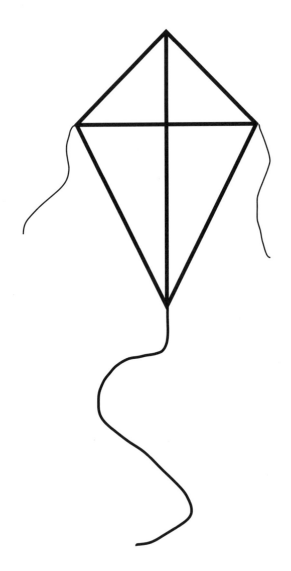

100

有時我們該讓一切隨風，

有時我們又得逆著風，

拉它們回來。

放風箏的技巧十分簡單，如果風是強勁的，把手中的線多放出去一些，就能看著風箏翱翔。如果風瞬間停了，風箏就會開始慢慢降落。

　　此刻，你得拉緊手中的線，拉出更多的張力。

　　風箏中心擁有絕佳平衡感，它將會準備起身，再次飛向天空。

　　在一些颶風的日子裡，風箏很容易起飛。有些日子只有微風吹拂，你需要陣風來使風箏起飛。

　　你需要在它起飛前，使力拖曳、拉扯那條細線上百次，然後你就能控制風箏的飛行了。

在夏天放風箏是件好玩又受歡迎的活動。

由於風的吹送，一只風箏才能高高飛上天空，當它飛到三十英尺高，風箏飛行狀態就會變得很穩定。

當風箏飛得很穩定時，我們不需要太過控制，風箏自己就能飛。假使我們在強風中試圖把它拉回地面，那將會是困難的一件事。

嘗試以自己力量去控制風箏的人，往往沒辦法讓風箏起飛。

　　面臨強勁風勢時，他們就開始拖曳、拉扯，然而，在人與風箏之間有一條細線牽引著，彼此就彷彿父母親與孩子之間那條聯繫彼此的血脈親情。

　　若父母親在不當的時機使力拉扯，細繩便有可能瞬間斷裂，隨著風自由地飛走，奔向遙遠的天際。

如果把人生與風箏相比,操縱者就是「父母親」,而風箏就像是「孩子」。

世上有各式各樣的風箏,有些容易操控,有些難以操控。有些孩子適合循循善誘,有些孩子適合清楚的指令。

有些孩子是激進的,有些孩子是頑固的;有些孩子是不聽話的,有些孩子是創造力四射的;有些孩子喜歡運動,有些孩子喜歡閱讀;有些孩子著迷於電玩,有些孩子沉迷於他們的手機。

有些父母親並不懂如何放風箏，同理，他們也不懂

如何教孩子放風箏。他們不懂何時該拉緊那細線，何時又

該鬆開；他們不懂如果過度強拉那細線，將會弄得四分五

裂，到時風箏就會隨風飄走了。

　　不懂得控制風箏的父母親，永遠重蹈覆轍。

純真的孩子：需要的是愛、關懷、在乎，以及溫暖。無論如何，不懂得控制風箏的父母親，永遠不會在孩子需要的時候，付出愛。他們總是忘了在孩子充滿好奇時，付出關懷；從不懂在孩子渴望愛的時候，給予溫暖。

當風箏穩定飛行時，有些父母親控制欲就發作。但他們無法控制，因為風箏隨風飄走了。

但當孩子需要父母教導時，他們卻不知道應該做什麼。最後，他們把細繩拉得太用力，繩子就斷裂了。於是風箏按照自己的方式飛走，沒有人能把它帶回到一開始它起飛的地方。

有時我們必須放下執著，
讓一切隨風而去。

推＋拉
逼迫＋抵抗

相互搶奪與爭鬥

最後結局是——
風箏悠悠地飄走了。

你越是放鬆，

得到就越多；

你越是使力，

得到就越少。

人生有它自己進行的節奏，如果我們深刻體認到這件事，便不會強取豪奪去傷害別人。

　　假設父母親是鼓，孩子是吉他，在某些曲子裡，鼓是主要領導者，每個人都必須跟隨鼓的節奏來演奏。

　　年輕的孩子從未被啟蒙，因此不會有主見自己要做什麼，他們甚至不知道該在何時演奏什麼音律。

　　但當他們決定跟從「朋友」的節奏，就無法配合原先的節奏。他們的節奏會受到朋友的影響。（如果他們有好朋友，這是沒問題的。若沒有，那將是另一個煩惱。）

在某些曲子裡，

會有寫給單獨樂器

獨奏的旋律

我們必須讓那獨奏者

單獨演出。

記得年輕時，

我會追著蝴蝶嬉戲，

但我忘了思考：我能捕捉牠嗎？

我只知道一件事，

那就是──我很開心。

幸福可能隨時成真，

幸福可能在某段時間內發生，

幸福可能出乎預料地發生，

幸福可能未經允許地發生，

幸福是自由的，

沒有人能從我們這裡偷走幸福。

幸福合理嗎？
有時候，
我們只要想到幸福，
就能感到快樂。

有人品嚐著美味蛋糕，能感到快樂；

有人烹調著義大利麵時，能感到快樂；

有人欣賞著電影時，能感到快樂；

有人當別人敬佩他的工作時，能感到快樂；

有人買到新衣服時，能感到快樂；

有人吃著漢堡時，能感到快樂；

有人買到一雙新鞋時，能感到快樂；

有人喝著咖啡時，能感到快樂；

有人去到海邊時，能感到快樂；

有人享受著健康的沙拉時，能感到快樂；

有人大啖日本料理時，能感到快樂；

有人與雙親旅遊時，能感到快樂；

有人帶著孩子出國時，能感到快樂；

有人只是坐著就能感到快樂；

有人練習瑜珈時，能感到快樂；

有人遇見老朋友能感到快樂……

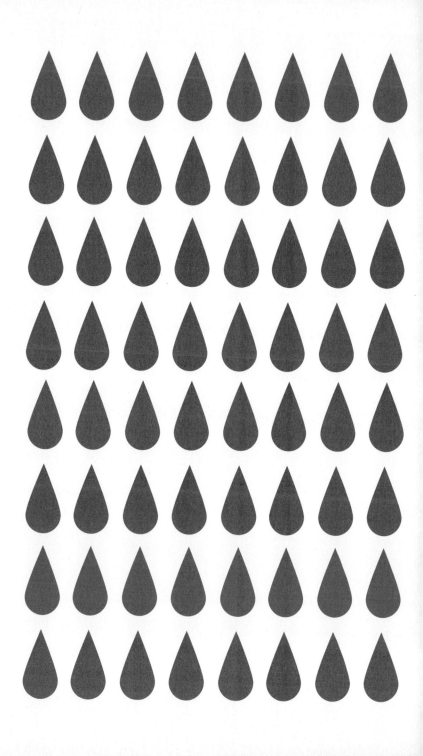

年輕時我們很容易快樂，雨天時我們興高采烈地跑到外面，在雨中玩耍。

但隨著年齡漸長，我們得要工作、賺錢，買房、買車，我們穿著華服，享受美酒，快樂變的具體，卻更抓不住了。

為何快樂消失了？幸福快樂，到哪裡去了呢？

當我們知道「暴風雨」將至，

膽小的人會逃跑，

擁有不凡抱負的人將會有所作為，

也許是迅速建造一座風車，

用以調節電力，

或是建立其它帶來更光明未來的東西。

孩童是純白的一張紙，

他們被環境塗上了不同個性的色彩。

遵守規則 / 容易教育 /

淘氣 / 固執 / 粗暴無禮 /

死心眼 / 喜怒無常 /

任性 / 難以取悅 /

聰穎 / 聽話 / 直爽 /

博學 / 創造力 /

愛音樂 / 愛運動

全天下的父母親都必須學習用不同方法，讓孩子遵守紀律。

- 教育孩子感恩
- 教育孩子有耐性
- 教育孩子遵守紀律
- 教育孩子喜愛閱讀
- 教育孩子從事運動、享受音樂
- 教育孩子成為樂觀的成年人

這是所有父母親的職責。

「像溪流一樣移動」

水，能被任何形體的物件盛接。

當水在一個瓶子裡，形狀就像是個瓶子；
當水在一個碗裡，形狀就像是個碗；當水在
冰箱裡，它會轉換成為冰。

「滅火」

水可以撲滅火焰，別讓火苗燃燒到失控，用水去撲滅它吧！

用水洗淨你慌張不安的心，用水洗淨你眉頭深鎖的臉，洗滌你的心靈，將善良好意傳遞給他人。別坐困愁城。因為沒人會同情你，而你只能生悶氣。

8

自由法則

幸福是擁有自由，身體＋精神＋思想的自由。處罰罪犯的方法是褫奪他們的自由權利。

將自己的精神無形地拘禁在一個狹窄空間，會把你變成一個「心胸狹隘」的人。你會變得無法忍受別人得到更多，你只會感到嫉妒與羨慕。

處罰自己的另一方法是拘禁你的思想，不讓你的思想解放，不讓你的夢想展開，框住你的思想，讓你永遠以為「一切都是不可能的」。

夢想，

停留在一只金魚缸裡。

夢想，

並不會自然地成真。

夢想，

由於我們有「理念」，
由「理念」而創造「夢想」，進而成真。

夢想，

使人們看到希望。

夢想，

讓人們幸福隨行，向前進。

有些人的夢想，

就像是金魚缸裡的一個夢。

一個夢被夢想者小心地保存著，

他不斷說：「總有一天，我要把它實現。」

一個夢被保存許多年，也被遺忘了。

直到你也太老，老到無法實現它。

一個夢，對某些人而言，只能癡望著它，

像是金魚缸裡的一個夢。

Dreams

一個孤獨的夢想純粹為了展示用。

人們看待它，如同一件裝飾品。

Dreams

一個未實現的夢想如同一幅美麗畫作，

經年懸掛在牆上。

慢慢地，它的顏色淡了。

日復一日，直到它消失。

Dreams

夢想，持續地等待被夢想的主人

「真正實現」。

如果我們只是閒坐，只是瞅著它，

這夢想永遠不會實現。

我們曾經夢想長大後
會變得「聰明」。

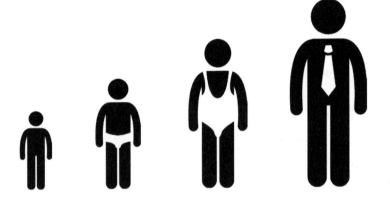

我們曾經夢想長大後
會變成「超人」。

夢想，依舊只是夢想，

因為……

長大後，我們因為更好的學習而變得聰明，

但我們卻告訴自己「我們做不來」、

「我們沒辦法做」、「這不可能」。

事實上，我們擁有無限潛力，

但卻每天不斷說服自己「我們沒辦法做」。

把「正念思考」輸入你的腦袋吧！
你將得到「睿智＋自由」的成果。

如果我們想要「不快樂」，
必須「傷害＋忌妒」所有人，
這結果將導致憂鬱焦慮。

智者與傻子完全不同。

因為智者永遠在做任何事之前，
先想到結果。

傻子總是對即將造成的結果一無所知，
就開始進行許多作為。

9

虚無法則

我們若一無所有，就一無可給。

有些人懂得傳道授業，

他們的專門技術就是「教學」。

有人連自己都不曾擁有幸福，

他們如何能把幸福傳遞出去呢？

當我們有能力分享，

也就表示擁有得比其他人更多。

但是一個願意分享的人，

肯定有極為豐沛的心靈資產。

旅行的地圖

旅行是令人期待的一件事，在旅程開始前，我們會做好功課，了解當地的氣候狀況、風土民情，我們會調查好目的地的旅遊需知、交通方式。而當我們抵達當地，準備駕車遊歷到時，我們也會清楚看見將會經過哪一條道路，這指引了我們如何到達目的地。

以現在的科技而言，假使不會認路、不會看地圖，還有GPS導航系統可以幫你找出正確的方向，抵達你想去的地方。

人生的地圖

　　然而，奇妙而真實的是人生的地圖。有許多的人不知道人生該往何方，他們不前進，因為缺乏目標、沒有目的地，也沒有輔助工具，甚至也不知道為什麼誕生在這世上。雖然他們疑惑、不解，但他們什麼也沒能做，只能盲目摸索，彷彿繞圈圈般走不出來。

　　如果我們沒有目的地便開始一段旅程，這意味著我們尚未擁有人生的地圖。倘若見到這群為人生感到艱難而困惑的迷失人們，請勿驚訝。

迷失者 #類型1

這種類型的人，明白自己身陷迷失之中。

他們是困惑、後悔的，並為了自己喪失人生的前進方向而深覺驚怕。

這些人缺乏自信，沒有自我的想法，當然也不知道找誰討論。

所以，他們連最簡單的選項都仰賴命運，或透過命理星座去指引迷途、增強自信，讓別人告訴他們該怎麼做。

迷失者 #類型2

這種類型的人，私毫不察覺自己是迷失的。

他們是強悍的，自信十足的，並且足以粉碎迎面而來的巨大挑戰。

他們認為自己比別人更聰明、更有智慧，並且習慣批評那些不同意他們的人。

他們缺乏基本禮貌，永遠學不會分辨「該做」與「不該做」的。

他們趾高氣昂地做事，彷彿他們說的、做的每件事都是對的，而其他的人都是錯的。

迷失者 #類型1

這種類型的人，明白自己身陷迷失之中。

當自己沒有答案時，他們不敢問別人，而且從不透過閱讀來自我教育。

他們完全不了解自我成長的書籍有任何助益，也不知道早已經有人寫了這類書籍，幫助了其他人。

我們能篩選有意願學習的內容，因為當腦袋空無一物時，就可以改進它。

如果腦袋缺乏知識，我們當然無法解決問題。

面對實際的問題時，得運用我們的基本直覺生存下來。它們也許能幫助我們一次或兩次，但總不能終身仰賴這種直覺。

如果我們擁有知識與能力，就能靈活運用這些資產，當作指引人生旅途的工具。

迷失者 #類型2

這種類型的人，私毫不察覺自己是迷失的。

無人能給予忠告，因為他們是傲慢與頑固的。一點也不值得花工夫試圖改變他們，但還是有其它選項。

第一選擇

讓父母親滿足他們的需要。因為父母親忘記灌輸價值觀給孩子，所以他們的孩子自私自利，無法體恤別人。

第二選擇

讓朋友警告他們。也許有一天，他們總會有自覺。

第三選擇

讓社會懲治他們。對這種人抱怨是無用的，他們對自己的傲慢習以為常。

就讓他們接受碰撞吧，終究他們會受到社會的譴責。

裝睡的人是叫不醒的，

從此刻起，

在開始一段人生的旅程之前，

找出一個新的目標。

在自助書本中抓一張地圖，

面對一個可能使你迷失的狀況時，

打開你的地圖書。

因為那地圖已經幫助過世界各地的人們，

何不讓它再多幫忙你一次呢？

有些人絲毫不知自己迷失了，

因此得到的批評多過讚美。

探索你自己，

看看你是否做了什麼利益他人的好事。

從周圍人對你的評價，

可以簡單理解自己的做人。

而你必須了解一件事，

我們是無法避免別人批評的，

如果我們不傷害別人、不掠奪他人利益或

惡意侮辱他人，

就能在社會上安居樂業。

享受學習

　　學得越多，我們的人生歡暢享受就越多；閱讀言之有物的書本越多，會擁有越多的歡樂趣味。

　　當我們的心渴望知識，就能輕易抵達幸福莊園，學習新知為我們的人生填滿繽紛色彩，它不但能打造一個聰穎的人，更帶來精采的視野。

分享

　　傲慢而自我中心的人，唯有讓他們感受到付出與犧牲的分享情懷，才有可能改變他們的心態，並進一步反省自己的行為。這就是所謂的對症下藥。如同醫生面對病患時，高血壓便給予降血壓的處方，糖尿病便給予控制血糖的處方，如果不清楚病症就胡亂給藥，那只會造成反效果。

10

影響法則

幸福是什麼？？？

當一個人學得多，懂得多，

信心多了以後，更能容納萬物。

如果你擁有的頭銜很多，

那你將會成為一個厲害的普通人；

如果你在工作上位居要職，

很自然地就會有對你畢恭畢敬的下屬。

當你進入更高階層時，

你會賺大錢，開名車，住豪宅，

然而若有人不順你意，

如：孩子不聽話、情人不理會時，

你就怒不可遏，比年輕時更加抓狂。

權力更大、賺得更多意味著更多怒點，

如同更升級的壓力一樣。

每當我們怒氣衝天時，
　幸福便消失無蹤。

每當我們興高采烈時，
　幸福便重回懷抱。

人們時常在不知不覺間做出了一些什麼。

有些人打造了自信、

有些人正在做善行、

有些人在創造孤單、

有些人在醞釀仇恨。

這些無意識下的行為，

不會立刻在眼前出現，

然而它會在關鍵時刻翩然出現，

當我們心思偏差時，

傲慢就會意外地現身。

海邊的沙雕城堡

兩個天真無邪的小朋友在海邊堆築沙雕城堡，他們成功地將城堡越堆越高，兩個人都感到十分開心。

隨著時間經過，沙堡終於變成巨無霸城堡。

但這兩位小朋友可能永遠不會知道，在他們離開之後，海浪會在一瞬間逼近，摧毀他們辛苦堆砌的城堡，一切的毀壞就只在一秒之間。

如果是你，

你會怎麼想？

第一個孩子

他為自己創造的作品毀損而悲泣不已，他花了很多鐘頭堆砌，但只有短短幾秒，一切就徹底消逝了。

那孩子坐在海邊，不斷叨念「我要瘋了，我痛恨大海，我不再喜歡海洋了。」

此後，這孩子再也不曾來到海邊，他終其一生都存有對海的怨恨。

第二個孩子

　　他被海浪重創驚嚇，同時明白自己虛擲了許多個鐘頭。在短暫幾秒的時間裡，他努力的一切已經消失無蹤。

　　這孩子濕透了，如同他的沙雕城堡完全浸濕在汗水之中。他開始大聲咆哮，

　　當他獲准去游泳時，他脫下身上的衣物，飛奔進入那片海洋，愉快地游泳。

　　在他往後的餘生之中，都像這樣持續地徜徉海中。

第一個孩子悲傷哭泣，並後悔自己虛耗時光去建造夢想。他覺得每一件事都無望了。

這是否如同想玩一個遊戲，卻撥不出多餘的時間？這是否如同從天空飄散而過的流星，還會再出現嗎？

有些人覺得現實就像是脆弱的玻璃，一旦落地將會變成碎片，永遠都不會再恢復原狀了。

第一個孩子為了他的失敗而沮喪不已，當他遭遇挫折時，便會再度陷入萬劫不復的深淵之中。

第二個孩子帶給自己幸福。沒人教他要快樂，沒人告訴他哪裡能找到快樂。

　　無論如何，對第二個孩子而言，每件事都充滿了幸福感。一切都是安定的。它曾經真實存在，又迅被摧毀。他了解世界會有明亮白晝，也會有夜晚。

　　因為沙堡而徹底了解真理的人生，永遠都是快樂的。

當我們望向天空
時而陽光燦爛，
時而多雲，
偶有雷陣雨。
在人生的任何時刻，
我們都可以歡樂以對。

悲傷人生

名之為「悲傷」的小思維，
是被小事小物組織成形的。

悲傷總在我們的思維之間累積著，
如果我們倦了、累了、鬱悶了，
那將會面對一個絕望與陰暗的未來。

此後的每一天都會變得更加悲觀，
也面臨更多厄運。

這使得每一天都是「悽悽，慘慘，戚戚」。

快樂人生

名之為「幸福」的小思維，
是被小事小物組織成形的。

沒人能教導我們如何活得快樂，
卻有一些人能分享我們幸福所在。

透徹了解生命的一段人生，
透徹了解真相的一段人生，
才能永遠快樂。

我們無法修改過去犯下的錯誤，
但可以有改變未來的選項。

思維屬於我們所有，

人生屬於我們所有，

我們擁有選擇權。

未來的我們，

能獲得「歡愉」嗎？

還是獲得「悲傷」呢？

第一招，瀟灑快樂過人生。

第二招，沮喪消沉過人生。

無論我們走直路或兜圈子，沒關係。

無論我們向前行或後退，也沒關係。

無論我們快樂或悲傷，都沒關係。

人生的一切都是我們選擇出來的模樣。

往好處想

幸福自然而然地發生。

如果想要好事成真，我們必須知道如何餵養積極的能量。

同理，若是用壞東西餵養我們的思維，也必然會導引出負面的壞事。

幸福提案
15

停止傲慢

如果圍繞身邊的人是傲慢、自私的性格，
應盡力讓他們看見如何犧牲，並成為給予
者。經常這樣做會讓他們的胸懷變得溫和，
也許就不會再狗眼看人低了。

無論如何，這就如同被指定的處方用藥一
樣；如果這患者的病情嚴重，我們就需要更
強力的作為，如果這患者的病情舒緩，我們
就需要調整治療強度。

11

自然法則

自然是什麼？？？

一棵樹

從一顆種子變成小樹

從一棵小樹變成大樹

從一棵大樹變成動物們棲身的家

動物們

從一個小生命變成大生命

從一頭幼獸變成巨獸

從個體戶進化成為一個群體

人類們

從無知變成聰明

從獨來獨往者變成親密夥伴

從夥伴轉變成一個家族

從家族擴散成為快樂的人群

若沒有水，

彩虹就無法存在。

想要看見彩虹的壯麗景致，

我們需要三個元素並存。

首先，雨水降下，

接著，陽光普照，

第三，空氣中的濕氣。

缺少任何一項元素，

我們都沒有機會看見一道彩虹。

我們總是看見彩虹與水相互作用，

因為彩虹需要水才能存在。

看見彩虹，可以讓人感受到幸福，

但若你缺乏幸福的思維，

那幸福就無法存在。

過去的人們認為彩虹是一個奇蹟，因為他們沒有足夠
的科學知識能理解這自然現象背後的原理。

　　許多人見到彩虹時，會認為自己是幸運寵兒，是被祝
福的，並從中獲得巨大的快樂。

隨著人們獲得更深入的知識與研究，人類終於了解到，彩虹並不是一種奇蹟。

　　然而人們仍然以愉快、期望的心情去看待彩虹的出現，而且在彩虹出現時，許下心願。

成功需要人們的汗水灌溉。

成功從不輕易降臨，

它需要三個條件同時具備。

首先，要努力工作，

接著，心念的力量，

第三，知識與智慧。

缺乏任何一項，

我們就永遠沒機會品嚐成功的滋味。

我們常看見成功人士總是費盡千辛萬苦，

因為成功總在人們的汗水中蓬勃茁壯。

在達到三項條件後，

終於能歡享成功的快樂滋味。

過去的年代，

我們習慣如此思考──成功是個奇蹟。

那是因為我們沒有足夠知識與經驗，

去了解成功的條件。

很多人認為他們兼具「幸運」與「快樂」，

才能攀登上成功這個高峰。

如果人們樂於用更多的勤勞與寬容，

去交換成就，

終會了解成功並非奇蹟。

人們會在每個重要時刻，

以「滿足快樂」的心情去達成這個奇特現象。

幸福提案
16

大力丸

　　當我們在工作上用光了全部精力，當我們在生活上耗盡所有的鼓勵，我們就必需把「大力丸」找出來。大力丸是一種活力養分，所以當你的能量降至零，吃下大力丸就能瞬間提高百倍的能量。

　　每個人的大力丸成分都不一樣，有的人稱它為「激勵」。找出真正能激勵自己的來源，當你下沉時便轉化它，能量即可立刻回升。

聳聳肩

從一隻毛毛蟲，變成蝴蝶；從一隻小螃蟹，變成大螃蟹；從一條小蛇，變成巨蟒。無論我們以前是什麼樣子，只要我們想從逆境中改變，就需要把壞東西聳出九霄雲外。

我們可以停止聆聽那些不快樂的歌，以令人振奮的樂曲代替。如果我們內心有陰鬱狀態，就得忍受悲傷。所以我們要改變自己，去做那些讓自己快樂的事。

12

站立法則

四支桌腳的桌子，非常穩固；

三支桌腳的桌子，不算非常穩固；

二支桌腳的桌子，無法站立，直接倒下。

人只擁有二條腿，跌倒受傷也是難免的。

但人還有一雙手，能幫助自己重新站起來。

如果我們能幫助自己或握住他人的援手，

那麼在人生的挑戰中，重新站起來就容易多了。

因此，無論何時，

若見到別人跌倒，請伸出手助他們一臂之力。

更重要的是，當有人跌倒、爬不起來時，

千萬別落井下石。

達摩不倒翁

　　日本神社寺院常常可以看見「達摩不倒翁」，即「緣起物」，大家相信擺放在家中、辦公桌上可以招來好運。

　　「達摩不倒翁」的出現可追塑江戶時代，以達摩打坐的概念配合不倒翁的原理，很快便成了人氣商品，家家戶戶都會以此為開運好物，送禮自用兩相宜。

　　人們深信向達摩不倒翁祈求許願，願望將如不會傾倒的達摩一樣，終能成真。

達摩祖師

　　據傳達摩是印度香至國的王子，因信奉佛法而出家，在中國佛教裡，被視為中國禪宗始祖、東土第一代祖師。他在西元五世紀時，將禪宗佛教從印度傳播到中國與日本。

　　相傳達摩是少林武術瑰寶《易筋經》、少林七十二絕技的創造者、將佛教禪宗帶入中國的布道者，相傳口述《少室四論》，由弟子曇林筆受。達摩的事蹟繁多，是一位擁有諸多神奇傳說的人物。

不倒翁玩偶

在俄羅斯被稱為內瓦拉書卡或是凡卡玩偶。這玩偶代表一種自癒能力，在跌倒後重新起身的能力。

在1970年代，美國擁有自己達摩玩偶的美國版本，稱之為韋伯。

不倒翁玩偶無論何時被推倒，它永遠靠自己恢復到直立的位置。我們無論何時被推倒，也要學習靠自己重新站起來。

不倒翁已經被聰明的商人以各種名目、各種材質包裝

販售，然而不變的是，他帶給人們的信念──無論如何，

絕不倒下。

人生難題

每個人都面對屬於自己的難題。

無論是小難題、大難題、社會難題或政治難題、家庭難題或職業難題，難題總是無處不在。

它們與你的工作無關，也無論你是多麼富有，或者你是否漂亮、英俊，即使我們從來不想要任何一個，難題仍舊自發性地產生。

我們從來都不想要的，卻總會朝向我們而來。

戰鬥

人們必須面對的難題有二個，戰鬥或放棄。

當選擇「戰鬥」，我們就化身成為不倒翁玩偶。我們人生都在跌倒與重新站起來之間，輪流交替著。寬容與耐力是這類型人們的必備條件。

放棄

如果任何人把「放棄」、「屈服」這些告誡當成他們的座右銘，就會變成永遠站不起來的「只倒翁」玩偶了。

那些跌倒後就不肯站起來的，就是缺乏彈性與決心的人們。

他們永遠輕易地放棄。這些人充滿了理由與藉口，總是說「這不是我的錯」。

每個人都需要進步，

並為了追求進步而感到驕傲，

無論在工作、研究、求學，或家庭各方面。

一位不倒翁人類

就是無論面臨任何困境，

都能夠再度站起來的人。

障礙

是我們在人生中必須勇敢正視的東西，

無論我們的職業是什麼。

毅力是成功的武器

努力工作是進步的基礎

練習不懈是紀律的心臟

動機是克服困難的核心

寬容是勇敢戰士的根本

良善是對抗危險的防護衣

節儉是財富的第一步

給那些面對煩悶、難題與苦難的人，

請找到屬於你自己的「不倒翁玩偶」。

把它展示在你的書桌或臥室，每天觀看。

因為無論它仆倒多少次，

永遠都會重新站起來。

當我們面臨絕望的時候，

該如何是好？

答案是——放自己一馬吧！

記憶的怠惰

有些必須牢記的東西，為何偏偏無法記住？無論是好友的生日，父母親的生日，我們的結婚周年，孩子的生日……等。

相反的，我們卻記住不該記住的，比方說，雖然無辜卻被侮辱；雖然誠實，卻被雙親責罵；雖被寵愛，卻失去一個朋友。

另一個找到幸福的方法，就是別牢記那些你不該記得的事。

13

反射法則

正向思考者是

能看見「對立者的觀點」的人們，

正向思考的人不會自欺欺人。

當他們看著鏡子舉起右手時，

鏡子裡的某個人是舉起了左手。

這意味著無論多壞的狀況，

正向思考者總是看見與悲觀的人

完全不同的相反觀點。

時間的反應

　　如果每個人都有一面奇蹟的魔鏡，讓他們看見自己的所有功與過，這些人在看見了自己做過的事，會進一步思考與反省嗎？

　　如果答案是肯定的，這樣是好事嗎？

　　一個人做了不對的事，如果無法反省，總還是自認為「我是對的」，那時間對他來說就是沒有反應作用。

自我反射

請認清自己。

生命的反思讓我們看見光陰來臨，並正從身旁走過。光陰永遠如大江東流，如果保持冷靜，你會看見你的自我反射。

每個人都有可能在任何一個時刻感受到自我反射，他可能隨著你愛的人出現，也可能倒映在你不喜歡的事物上，你未曾觸及的內心真正意識，就反映在你的行為之中。

蝶蛹

　　當我們面對太多意外的狀況，感覺迷惑混淆時，試著想想蝶蛹，一定奏效。

　　一直待著、一直坐著、沉住氣，如同一個蛹在繭狀物裡面。當我們一直平靜待著，就會開始萌生從前不曾有過的念頭。

　　無論何時我們毫無自覺地活著，「持平」將使我們保持平靜，並繼續向前。

寬闊世界

即使深覺我們已看遍大千世界,但事實上,這世界還有許多我們從未見過的景象,如金字塔是如何被建造的?中國的萬里長城有多巨大?火箭如何擺脫地心引力?人類如何進化?為何我們能用火柴點燃一把火?

這些故事帶來知識,進而建造出一個寬闊世界供我們徜徉,當我們對事物都沒有偏見時,我們將能獲得更飽滿的學問。

可以幸福，但你要有態度
感受人生熱度的20個信念提案

作　　者／丹榮·皮昆（Damrong Pinkoon）
譯　　者／周倩清
主　　編／林巧涵
執行企劃／王聖惠
美術設計／顧介鈞
內頁排版／唯翔工作室

第五編輯部總監／梁芳春
發行人／趙政岷
出版者／時報文化出版企業股份有限公司
10803台北市和平西路三段240號7樓
發行專線／（02）2306-6842
讀者服務專線／0800-231-705、（02）2304-7103
讀者服務傳真／（02）2304-6858
郵撥／1934-4724時報文化出版公司
信箱／台北郵政79～99信箱
時報悅讀網／www.readingtimes.com.tw
電子郵件信箱／books@readingtimes.com.tw
法律顧問／理律法律事務所　陳長文律師、李念祖律師
印　　刷／勁達印刷有限公司
初版一刷／2018年3月23日
定　　價／新台幣250元
行政院新聞局局版北市業字第80號

時報文化出版公司成立於一九七五年，並於一九九九年股票上櫃公開發行，
於二〇〇八年脫離中時集團非屬旺中，以「尊重智慧與創意的文化事業」為信念。

Happiness Through Your Eye by Damrong Pinkoon
© Damrong Pinkoon, 2014
Complex Chinese edition copyright © 2018 by China Times Publishing Company
All rights reserved.

可以幸福，但你要有態度：感受人生熱度的20個信念提案／
丹榮·皮昆(Damrong Pinkoon) 作；周倩清譯. 初版. 臺北市
時報文化, 2018.03譯自：Happiness through your eye
ISBN 978-957-13-7347-8（平裝）1.生活指導　2.幸福

177.2　107002860